A First Reader: Spanish and English
Book 1

Un Primero Libro: Español y Inglés
Libro 1

Updated Edition by: Sharon Paul
Updated from the original work of Ellen Cyr

PEVEY LEARNING SERVICES PUBLISHING
2012

Copyright © 2012 by Pevey Learning Services Publishing

All Rights Reserved

Published in the United States by Pevey Learning Services Publishing, Spring, TX

Book design by Pevey Learning Services Publishing

Cataloging-in-Publication Data

Paul, Sharon

> A First Reader: Spanish and English / Book 1
>
> p. 33
>
> Summary: A dual language, English and Spanish, beginning elementary reader; inspired by classic school readers used by school children in the late 1800's.
>
> ISBN: 978-1490549989 (pbk.)

Dedicated to a new generation of children and families committed to classical education.

Mira la bebé.　　See the baby.
Mira a mamá.　　See Mom.

Mira mi muñeca.
Mira a mi mamá.

See my doll.
See my mom.

Mira mi gatito.	See my kitten.
Yo puedo ver mi gatito.	I can see my kitten.
Mamá puede ver mi gatito.	Mom can see my kitten.
Mi gatito puede ver.	My kitten can see.
Mi gatito puede ver a la bebé.	My kitten can see the baby.

Yo puedo ver.	I can see.
Yo puedo ver a mamá.	I can see Mom.
Yo puedo ver a mi muñeca.	I can see my doll.
El gatito puede ver la bebé.	The kitten can see the baby.
Yo puedo ver al gatito.	I can see the kitten.
Yo puedo ver a la bebé.	I can see the baby.
Mamá puede ver.	Mom can see.
Mamá puede ver mi muñeca.	Mom can see my doll.
Mamá puede ver el gatito.	Mom can see the kitten.
La bebé puede ver a mamá.	The baby can see Mom.
La bebé puede ver el gatito.	The baby can see the kitten.
El gatito puede ver mi muñeca.	The kitten can see my doll.
¿Puede la bebé ver mi muñeca?	Can the baby see my doll?
La bebé puede ver mi muñeca.	The baby can see my doll.
Bebé, mira mi muñeca.	Baby, see my doll.

Yo tengo una pizarra.	I have a slate.
Yo tengo un libro.	I have a book.
Yo tengo un gatito.	I have a kitten.
Mira mi libro.	See my book.
Mira mi pizarra.	See my slate.
Yo tengo una muñeca.	I have a doll.
Mamá puede ver mi pizarra.	Mom can see my slate.
Mamá puede ver mi libro.	Mom can see my book.
Yo puedo ver la bebé.	I can see the baby.

Bebé, mira mi pizarra.	Baby, see my slate.
Bebé, mira mi libro.	Baby, see my book.
La bebé mira mi libro.	The baby sees my book.
La bebé puede ver mi muñeca.	The baby can see my doll.
La bebé puede ver mi libro.	The baby can see my book.
La bebé puede ver mi gatito.	The baby can see my kitten.
¿Puede la bebé ver mi muñeca?	Can the baby see my doll?
¿Puede la bebé ver a mamá?	Can the baby see Mom?
El gatito puede ver mi libro.	The kitten can see my book.
¿Puede el gatito ver a la bebé?	Can the kitten see the baby?
El gatito puede ver a la bebé.	The kitten can see the baby.
¿Puede la bebé ver el gatito?	Can the baby see the kitten?
La bebé puede ver el gatito.	The baby can see the kitten.
¿Puede la bebé ver mi pizarra?	Can the baby see my slate?
La bebé puede ver mi pizarra.	The baby can see my slate.
Yo tengo mi pizarra.	I have my slate.

Yo puedo ver a Pablo.	I can see Paul.
Pablo tiene un gatito.	Paul has a kitten.
Pablo tiene un libro.	Paul has a book.
Yo tengo un libro.	I have a book.
Mamá tiene un libro.	Mom has a book.

El bebé tiene un libro.	The baby has a book.
El bebé puede ver a Pablo.	The baby can see Paul.
Me gusta jugar.	I like to play.
Me gusta mi libro.	I like my book.
Me gusta ver jugar al gatito.	I like to see the kitten play.
Yo quiero a Pablo.	I like Paul.
Yo quiero al bebé.	I like the baby.
El bebé puede jugar.	The baby can play.
Pablo puede jugar.	Paul can play.
¿Puedes jugar?	Can you play?
Tú puedes ver jugar al gatito.	You can see the kitten play.
Usted puede ver a Pablo.	You can see Paul.
¿Puede usted ver el gatito?	Can you see the kitten?
¿Puede usted ver un libro?	Can you see a book?

Repaso

El bebé tiene mí pizarra.
Mamá, mira mí pizarra.
Pablo tiene un libro.
Yo tengo un libro.
Bebé, mira mí libro.
Pablo tiene un gatito.
¿Puedes ver jugar al gatito?
Yo quiero al gatito.
Me gusta jugar.
¿Puede usted ver al bebé?
Yo puedo ver al bebé.
El bebé puede ver a mamá.
¿Puedes tú ver a mamá?
Yo quiero al bebé.
Yo quiero a mamá.
Mamá, mira jugar al gatito.
Me gusta ver jugar al gatito.

Review

The baby has my slate.
Mom, see my slate.
Paul has a book.
I have a book.
Baby, see my book.
Paul has a kitten.
Can you see the kitten play?
I like the kitten.
I like to play.
Can you see the baby?
I can see the baby.
The baby can see Mom.
Can you see Mom?
I like the baby.
I like Mom.
Mom, see the kitten play.
I like to see the kitten play.

Yo puedo ver un nido. I can see a nest.
Yo puedo ver los pájaros. I can see birds.
¿Puedes ver el nido? Can you see the nest?
Sí. Yes.
¿Puedes ver los pájaros? Sí. Can you see the birds? Yes.
Yo tengo un pájaro. I have a bird.
Mi pájaro puede volar. My bird can fly.
Mira el nido. See the nest.

Papá tiene un árbol bonito.	Dad has a pretty tree.
Yo veo el árbol bonito.	I see the pretty tree.
Mira a los pájaros en el árbol.	See the birds in the tree.
Los pájaros tienen un nido.	The birds have a nest.
El nido está en el árbol.	The nest is in the tree.
El nido es bonito.	The nest is pretty.
Me gusta ver volar a los pájaros.	I like to see the birds fly.
¡Oh, pájaros bonitos!	Oh, pretty birds!
Volad al nido.	Fly to the nest.
Papá, mira volar a los pájaros.	Dad, see the birds fly.

¡Oh, mira el ratón pequeñito!
El ratón pequeñito puede correr.
Yo puedo correr.
¿Puedes correr?
Yo quiero al ratoncito.
Me gusta ver jugar al ratón.
Mamá, ¿puedes ver el ratoncito?
El gatito puede ver el ratón.
El gatito puede correr.
Corre, pequeñito ratón.
¿Tienes un nido, ratón pequeñito?

Oh see the little mouse!
The little mouse can run.
I can run.
Can you run?
I like the little mouse.
I like to see the mouse play.
Mom, can you see the little mouse?
The kitten can see the mouse.
The kitten can run.
Run, little mouse.
Do you have a nest, little mouse?

¿Puedes ver los ratones pequeñitos?	Can you see the little mice?
Los ratones pequeñitos tienen un nido.	The little mice have a nest.
¿Puedes ver el nido?	Can you see the nest?
Sí.	Yes.
El gatito puede ver los ratones.	The kitten can see the mice.
El gatito puede coger los ratones.	The kitten can catch the mice.
Los ratones pueden correr.	The mice can run.
Mira jugar a los ratoncitos.	See the little mice play.
El gatito puede coger un pájaro.	The kitten can catch a bird.

Papá tiene un caballo grande.
El caballo puede correr.
Papá puede montar a caballo.
Me gusta ver a papá montar a caballo.
Pablo puede montar a caballo.

Dad has a big horse.
The horse can run.
Dad can ride on a horse.
I like to see Dad ride on a horse.
Paul may ride on a horse.

Pablo tiene un caballo pequeño .	Paul has a little horse.
El caballo de Pablo es bonito.	Paul's horse is pretty.
Yo quiero al caballo de Pablo.	I like Paul's horse.
El caballo de Pablo puede correr.	Paul's horse can run.
El caballo de Pablo es pequeño .	Paul's horse is little.
El caballo de papá es grande.	Dad's horse is big.
Pablo es pequeño .	Paul is little.
Papá es grande.	Dad is big.
¿Puedes montar a caballo?	Can you ride on a horse?
Yo puedo montar el caballo de papá.	I can ride on dad's horse.
Me gusta montar el caballo de Pablo.	I like to ride on Paul's horse.
El caballo quiere a Pablo.	The horse likes Paul.
El bebé quiere al caballo de papá.	The baby likes dad's horse.

Papá tiene una vaca. Dad has a cow.
Niño, mira la bonita Boy, see the pretty
vaca. cow.
La vaca da leche. The cow gives milk.
Me gusta la leche. I like milk.
Yo doy leche al I give milk to the
gatito. kitten.
Yo puedo dar de I can feed the
comer á la vaca. cow.
Puedes dar de comer a You may feed
la vaca. the cow.

Mira al niño dar de comer á la vaca.	See the boy feed the cow.
Mira á Juan ordeñar la vaca.	See John milk the cow.
Me gusta ver ordeñar a Juan.	I like to see John milk.
Papá puede ordeñar la vaca.	Dad can milk the cow.
Me gusta ver á papá ordeñar la vaca.	I like to see Dad milk the cow.
Yo puedo dar de comer al caballo de papá.	I can feed Dad's horse.
La vaca puede ver al niño.	The cow can see the boy.
La vaca quiere al niño.	The cow likes the boy.
Al niño le gusta dar de comer á la vaca.	The boy likes to feed the cow.
Yo quiero á la bonita vaca.	I like the pretty cow.

Repaso

Pablo, ¿puedes ordeñar una vaca?
Sí, puedo ordeñar una vaca.
Yo puedo montar á caballo.
Yo puedo dar de comer al caballo.
Mira al gatito en el árbol.
El gatito puede ver un pajarito.
El pajarito está en el árbol.
El pájaro es bonito.
El pájaro puede volar.
El pájaro tiene un nido pequeño.
El nido está en el árbol grande.
Yo puedo dar de comer al pájaro bonito.
Yo doy leche al gatito.
Gatito, mira al pequeñito ratón.
¡Corre, pequeñito ratón!
Niño, mira al pequeñito ratón.
El gatito puede correr.

Review

Paul, can you milk the cow?

Yes, I can milk the cow.
I can ride on a horse.
I can feed the horse.

See the kitten in the tree.
The kitten can see a little bird.
The little bird is in the tree.
The bird is pretty.
The bird can fly.
The bird has a little nest.
The nest is in the big tree.
I can feed the pretty bird.

I give milk to the kitten.
Kitten, see the little mouse.
Run, little mouse!
Boy, see the little mouse.
The kitten can run.

Raquel y yo vamos á la escuela.	Rachel and I go to school.
Raquel es pequeña. Yo soy grande.	Rachel is little. I am big.
Mira mi pizarra.	See my slate.
Raquel tiene un libro y una pizarra.	Rachel has a book and a slate.
Me gusta ir á la escuela.	I like to go to school.
¿Ves mi escuela?	Do you see my school?
Es una escuela pequeña.	It is a little school.
¿Vas á una escuela pequeña?	Do you go to a little school?

¿Puedes coser, Raquel?	Can you sew Rachel?
Sí, yo puedo coser.	Yes I can sew.
Yo coso para mi muñeca.	I sew for my doll.
Mamá cose para mí.	Mom sews for me.
Mamá cose para el bebé.	Mom sews for the baby.
Yo puedo coser para mamá.	I can sew for Mom.
Me gusta coser.	I like to sew.
¿Coses en la escuela, Raquel?	Do you sew in school, Rachel?
Sí, coso en la escuela.	Yes, I sew in school.
Mira mi muñeca.	Look at my doll.
¿Ves mi muñeca?	Do you see my doll?
Mírame. Mírame coser.	Look at me. See me sew.

Yo tengo una bonita paloma blanca.	I have a pretty white dove.
¿Quieres ver mi paloma?	Do you wish to see my dove?
Sí, quiero ver tu paloma.	Yes, I wish to see your dove.
Es la blanca paloma grande.	It is the big, white dove.
¡Oh! sí, yo la veo.	Oh yes, I see it.
Es una paloma bonita.	It is a pretty dove.
Lucía, mírala volar.	Lucy, see it fly.
Niño, mira la paloma.	Boy, look at the dove.
¿Quieres dar de comer á la paloma?	Do you want to feed the dove?
Puedes darle de comer.	You may feed it.
Mira la paloma volar hacia el niño.	See the dove fly to the boy.

Mi paloma blanca tiene un nido.	My white dove has a nest.
Bonita paloma, vete á tu nido.	Pretty dove, fly to your nest.
Pablo tiene un caballo pequeño.	Paul has a small horse.
Raquel tiene una bonita muñeca.	Rachel has a pretty doll.
Lucía tiene una paloma blanca.	Lucy has a white dove.
Papá tiene una vaca grande.	Dad has a big cow.
Yo tengo un gatito.	I have a kitten.

¿De dónde sacaste tu libro?	Where did you get your book?
No es mi libro.	It is not my book.
Es el libro de Pablo.	It is Paul's book.
¿De dónde lo sacó Pablo?	Where did Paul get it?
Papá se lo dió á Pablo.	Dad gave it to Paul.
Yo tengo una muñeca grande.	I have a big doll.
Papá no me dió mi muñeca.	Dad did not give me my doll.
Mamá me la dió.	Mom gave it to me.
Yo puedo mirar el libro de Pablo.	I can look at Paul's book.
Tengo una pizarra grande.	I have a big slate.

¿Quieres verla?	Do you wish to see it?
No está aquí.	It is not here.
Está en la escuela.	It is at school.
Mira mi muñeca.	See my doll.
¿Puede mi muñeca ver el libro?	Can my doll see the book?
No, la muñeca no puede ver el libro.	No, the doll cannot see the book.
Raquel tiene un libro grande.	Rachel has a big book.
Raquel, ¿dónde está tu libro?	Rachel, where is your book?
Yo quiero verlo.	I wish to see it.
¿Está en la escuela?	Is it at school?
Pablo me dió mi libro.	Paul gave me my book.
Me gusta mirar el libro.	I like to look at the book.
Lucía, ¿tienes un libro?	Do you have a book, Lucy?
Yo tengo un libro bonito.	I have a pretty book.
¿Dónde está tu libro?	Where is your book?
Mamá tiene mi libro.	Mom has my book.

Repaso

Lucía tiene una bonita paloma blanca.
Me gusta darle de comer.
Yo quiero una bonita paloma, mamá.
Tienes una muñeca grande, Catalina.
Mi muñeca no puede jugar.
Puedes jugar con Pablo.
Sí, me gusta jugar con Pablo.
Pablo tiene un gatito blanco.
¡Oh, yo quiero al gatito!
Yo puedo jugar con el gatito.
Yo quiero ver el gatito.
¡Oh, qué bonito gatito!
No corras.
Te daré leche.
Yo puedo coser para mi muñeca.
Yo puedo jugar con mi gatito bonito.

Review

Lucy has a pretty white dove.

I like to feed it.
I want a pretty dove, Mom.

You have a big doll, Catherine.

My doll can not play.
You can play with Paul.
Yes, I like to play with Paul
Paul has a white kitten.
Oh, I like the kitten!
I can play with the kitten.
I wish to see the kitten.
Oh, what a pretty kitten!
Do not run.
I will give you milk.
I can sew for my doll.
I can play with my pretty kitten.

Note from author, Sharon Paul:

Are you ready to go on to Book 2/Libro 2 ? If so, you may find Book 2 of this series by going back to amazon.com and searching for the phrase: ***first bilingual readers Sharon Paul***

Book 3/Libro 3 of this series will be published by early Spring 2013.

Also, Sharon Paul is presently authoring at least three new bilingual readers. These new bilingual readers are currently available in Kindle format, and will be available in paperback no later than late fall of 2013. Go to amazon.com and search for the phrase ***first bilingual readers Sharon Paul*** to find each edition as it is released.

Printed in Great Britain
by Amazon